Impressum
Verlag: BABADADA GmbH, Nedderfeld 112 , 22529 Hamburg
Geschäftsführer / Verlagsleitung: Harald Hof
Druck: Books on Demand GmbH, In de Tarpen 42, 22848 Norderstedt

Imprint
Publisher: BABADADA GmbH, Nedderfeld 112 , 22529 Hamburg, Germany
Managing Director / Publishing direction: Harald Hof
Print: Books on Demand GmbH, In de Tarpen 42, 22848 Norderstedt

colegio

škola

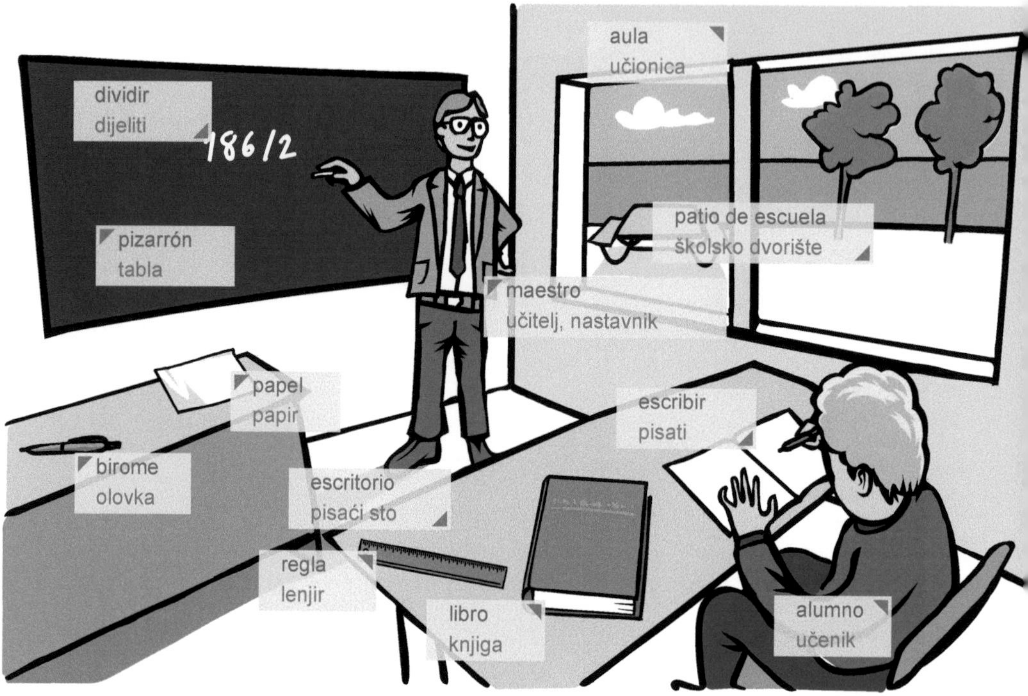

aula
učionica
dividir
dijeliti
186/2
pizarrón
tabla
patio de escuela
školsko dvorište
maestro
učitelj, nastavnik
papel
papir
escribir
pisati
birome
olovka
escritorio
pisaći sto
regla
lenjir
libro
knjiga
alumno
učenik

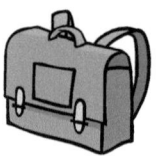

mochila

torba

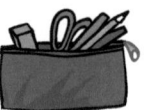

caja de lápices

pernica

lápiz

drvena olovka

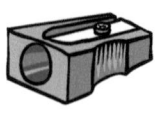

sacapuntas

šiljalo za olovke

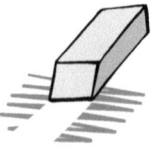

goma (de borrar)

gumica

bloc de dibujo

blok za crtanje

dibujo
crtež

pincel
kist

caja de pinturas
kutija s bojama

tijera
makaze

pegamento
ljepilo

cuaderno de ejercicios
vježbanka

tarea
domaća zadaća

número
broj

2+2

sumar
sabirati

5-2

restar
oduzimati

multiplicar
množiti

calcular
računati

A

letra
slovo

abecedario
abeceda

palabra
riječ

texto

tekst

leer

čitati

tiza

kreda

lección

sat

cuaderno de clase

školski dnevnik

examen

ispit

certificado

svjedočanstvo

uniforme escolar

školska uniforma

educación

izobrazba

enciclopedia

leksikon

universidad

univerzitet

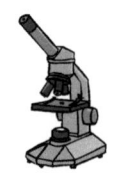

microscopio

mikroskop

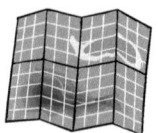

mapa

karta

tacho (de basura)

korpa za papir

viaje
putovanje

hotel
hotel
Grand
hostel
hostel
ROOMS
EXCHANGE
casa de cambio
mjenjačnica
valija
kofer
auto
auto

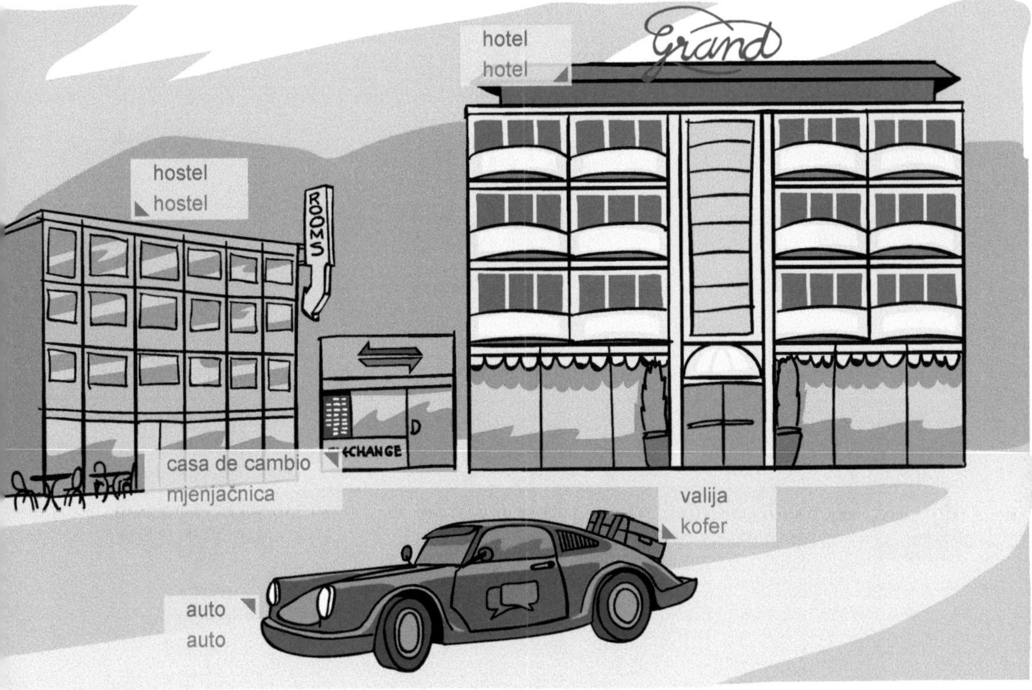

idioma

jezik

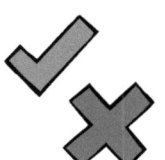

sí / no

da / ne

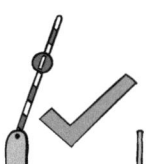

Está bien

okej

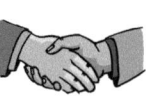

hola

zdravo

traductor

tumač

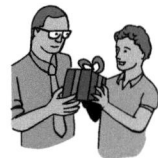

Gracias

hvala

¿cuánto cuesta...?

Koliko košta...?

No entiendo

Ne razumijem

problema

problem

¡Buenas tardes!

dobro veče!

¡Buenos días!

Dobro jutro!

¡Buenas noches!

Laku noć!

adiós

doviđenja

dirección

smjer

equipaje

prtljag

bolso

torba

mochila

ruksak

invitado

gost

habitación

soba

bolsa de dormir

vreća za spavanje

carpa

šator

información turística

turističke informacije

playa

plaža

tarjeta de crédito

kreditna kartica

desayuno

doručak

almuerzo

ručak

cena

večera

pasaje

putna karta

ascensor

lift

sello

poštanska markica

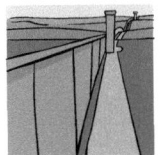

frontera

granica

aduana

carina

embajada

ambasada

visa

viza

pasaporte

pasoš

transporte

transport

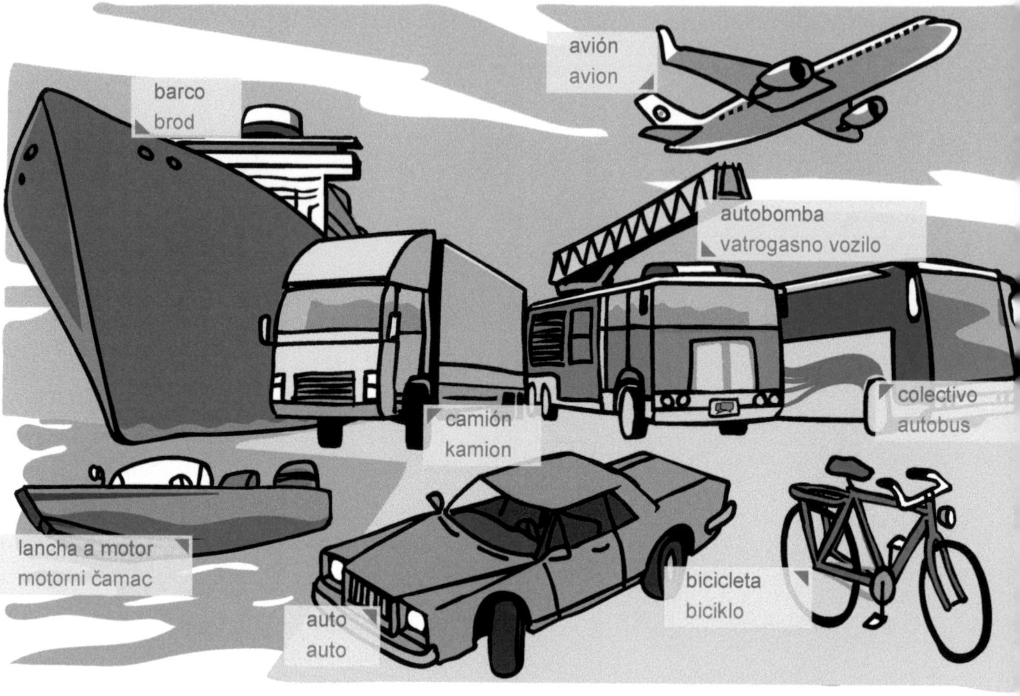
avión
avion
barco
brod
autobomba
vatrogasno vozilo
colectivo
autobus
camión
kamion
lancha a motor
motorni čamac
bicicleta
biciklo
auto
auto

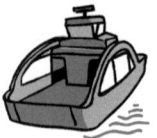

ferry

trajekt

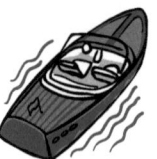

bote

brod

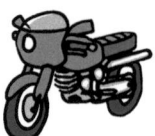

moto

motocikl

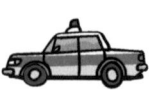

patrullero

policijski automobil

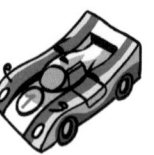

auto de carreras

trkaći automobil

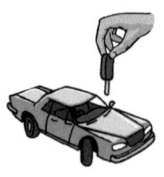

auto de alquiler

unajmljeni automobil

alquiler de autos

kar-šering

grúa

pauk

camión de basura

smećarsko vozilo

motor

motor

nafta

gorivo

estación de servicio

benzinska pumpa

señal de tránsito

saobraćajni znak

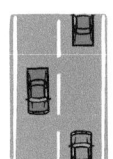

tránsito

saobraćaj

embotellamiento

zastoj

estacionamiento

parking

estación de tren

željeznička stanica

vías

šine

tren

voz

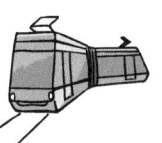

tranvía

tramvaj

vagón

vagon

helicóptero

helikopter

aeropuerto

aerodrom

torre

toranj

pasajero

putnik

contenedor

kontejner

caja de cartón

karton

carretilla

tačke

canasta

korpa

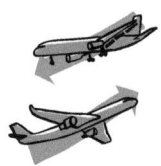

despegar / aterrizar

poletjeti / sletjeti

ciudad

grad

pueblo

selo

centro de ciudad

centar grada

casa

kuća

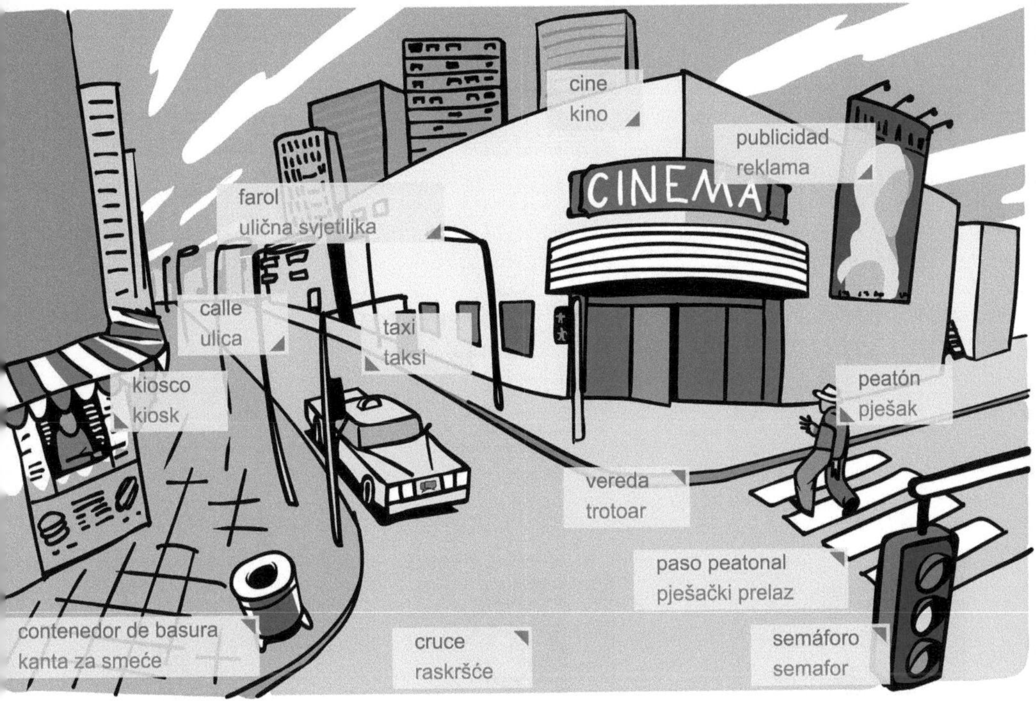

cine
kino

publicidad
reklama

farol
ulična svjetiljka

CINEMA

calle
ulica

taxi
taksi

kiosco
kiosk

peatón
pješak

vereda
trotoar

paso peatonal
pješački prelaz

contenedor de basura
kanta za smeće

cruce
raskršće

semáforo
semafor

cabaña
koliba

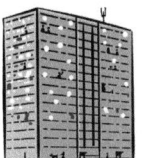

departamento
stan

estación de tren
željeznička stanica

municipalidad
vjećnica

museo
muzej

colegio
škola

ciudad - grad

universidad
univerzitet

banco
banka

hospital
bolnica

hotel
hotel

farmacia
apoteka

oficina
ured

librería
knjižara

negocio
radnja

florería
cvjećara

supermercado
supermarket

mercado
pijaca

grandes tiendas
robna kuća

pescadería
prodavač ribe

centro comercial
trgovački centar

puerto
luka

ciudad - grad

parque
park

banco
klupa

puente
most

escaleras
stepenice

subte
podzemna željeznica

túnel
tunel

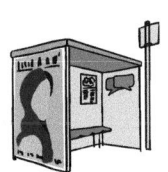

parada del colectivo
autobuska stanica

bar
bar

restaurante
restoran

buzón
poštanski sandučić

letrero
saobraćajni znak

parquímetro
sat za naplatu parkinga

zoológico
zoološki vrt

pileta
bazen

mezquita
džamija

granja

seosko imanje

contaminación

zagađenje okoline

cementerio

groblje

iglesia

crkva

juegos infantiles

igralište

templo

hram

paisaje
krajolik

hoja
list

poste indicador
putokaz

camino
putokaz

pradera
livada

piedra
kamen

árbol
drvo

excursionista
putnik

río
rijeka

hierba
trava

flor
cvijet

valle

dolina

montaña

brdo

lago

jezero

bosque

šuma

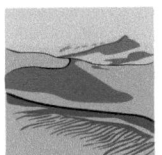

desierto

pustinja

volcán

vulkan

castillo

dvorac

arco iris

duga

champiñón

gljiva

palmera

palma

mosquito

komarac

mosca

muha

hormiga

mrav

abeja

pčela

araña

pauk

escarabajo

buba

rana

žaba

ardilla

vjeverica

erizo

jež

liebre

zec

lechuza

sova

pájaro

ptica

cisne

labud

jabalí

divlja svinja

ciervo

jelen

alce

los

presa

brana

aerogenerador

vjetrenjača

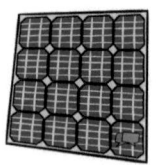

panel solar

solarni modul

clima

klima

restaurante
restoran

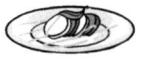

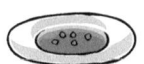

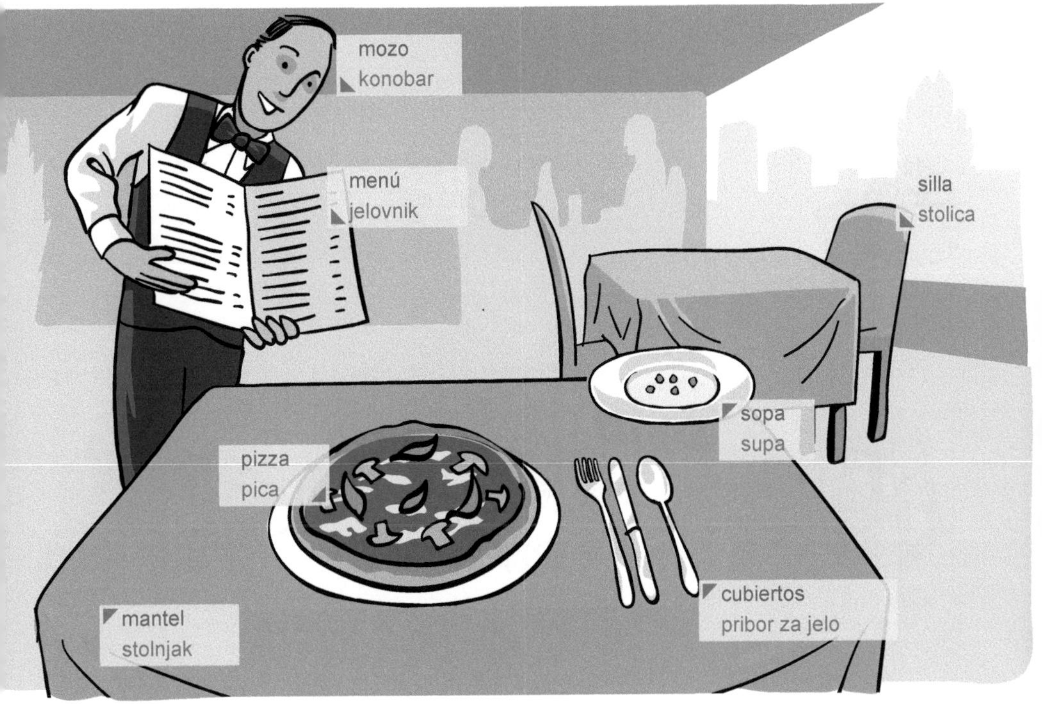
mozo
konobar
menú
jelovnik
silla
stolica
sopa
supa
pizza
pica
cubiertos
pribor za jelo
mantel
stolnjak

entrada

predjelo

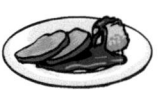

plato principal

glavno jelo

postre

desert

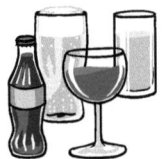

bebidas

piće

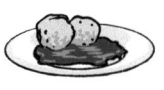

comida

jelo

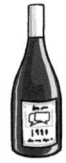

botella

flaša

comida rápida

brza hrana

comida callejera

jelo sa ulice

tetera

čajnik

azucarera

šećernica

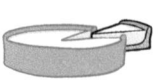

porción

porcija

cafetera expreso

mašina za espreso

sillita alta

barska stolica

cuenta

račun

bandeja

tacna

cuchillo

nož

tenedor

viljuška

cuchara

kašika

cucharita

kašičica

servilleta

salveta

vaso

čaša

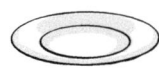

plato

tanjir

plato hondo

tanjir za supu

plato

tanjurić

salsa

sos

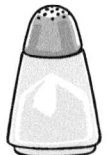

salero

solanik

molinillo de pimienta

mlin za biber

vinagre

sirće

aceite

ulje

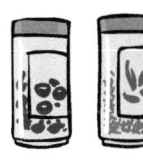

especias

začini

kétchup

kečap

mostaza

senf

mayonesa

majoneza

supermercado
supermarket

oferta especial
ponuda
FOR
cliente
klijent
lácteos
mliječni proizvodi
fruta
voće
changuito
kolica za kupovinu

BUTCHERS

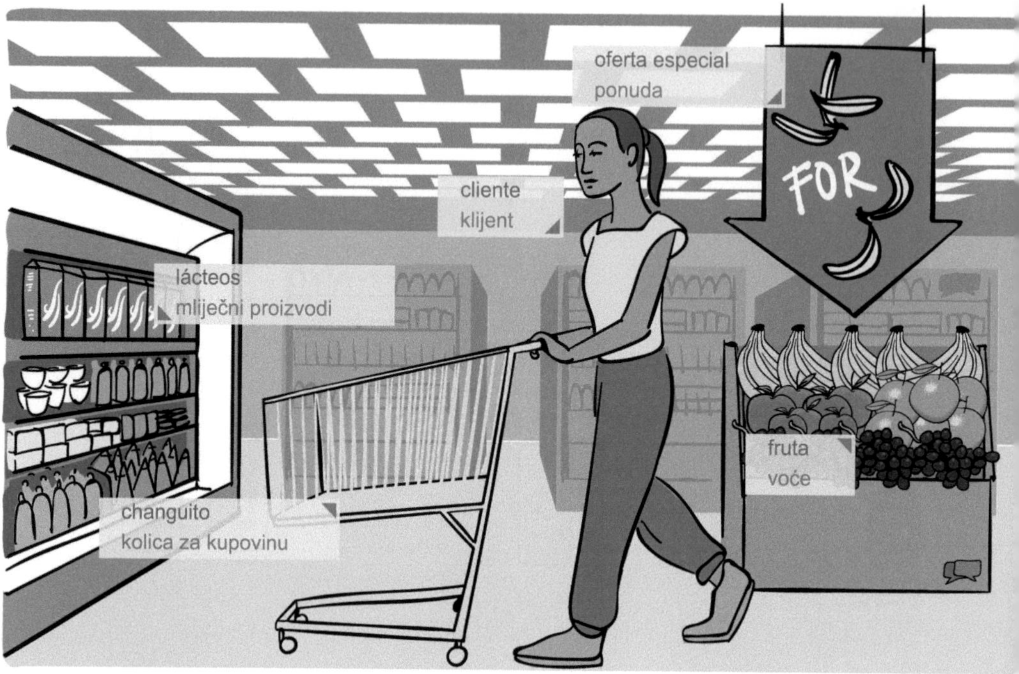

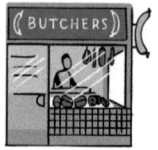

carnicería

mesnica- klaonica

BAKERY

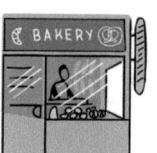

panadería

pekara

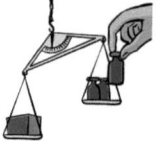

pesar

vagati

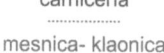

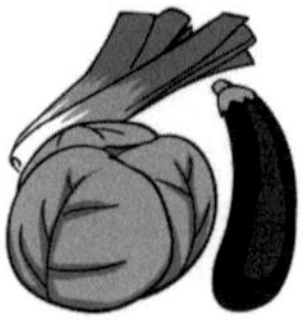

verduras

povrće

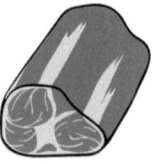

carne

meso

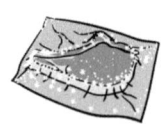

alimentos congelados

zaleđena hrana

fiambres

narezak

alimentos enlatados

konzerve

detergente en polvo

prašak za veš

golosinas

slatkiši

electrodomésticos

kućanski proizvodi

productos de limpieza

sredstvo za čišćenje

vendedora

prodavačica

caja

kasa

cajero

blagajnik

lista de compras

lista za kupovinu

horario de atención

radno vrijeme

billetera

novčanik

tarjeta de crédito

kreditna kartica

cartera

torba

bolsa de plástico

najlonska vrećica

agua

voda

jugo

sok

leche

mlijeko

bebida cola

kola

vino

vino

cerveza

pivo

alcohol

alkohol

cacao

kakao

té

čaj

café

kafa

café expreso

espreso

cappuccino

kapućino

banana

banana

manzana

jabuka

naranja

narandža

melón

lubenica

limón

limun

zanahoria

mrkva

ajo

bijeli luk

bambú

bambus

cebolla

crveni luk

champiñón

gljiva

nueces

orašasti plodovi

fideos

pasta

tallarines

špagete

arroz

riža

ensalada

salata

papas fritas

pomfrit

papas fritas

pečeni krompir

pizza

pica

hamburguesa

hamburger

sándwich

sendvič

churrasco

šnicla

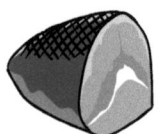

jamón

šunka

salame

kobasica

salchicha

kobasica

pollo

kokoš

asado

pečenje

pescado

riba

copos de avena

zobene pahuljice

muesli

muzli

copos de maíz

kornfleks

harina

brašno

medialuna

kroason

pancito

zemičke

pan

kruh

tostada

tost

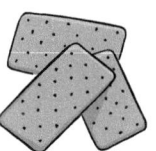

galletitas

keksi

manteca

maslac

cuajada

svježi sir

torta

kolač

huevo

jaje

huevo frito

jaje na oko

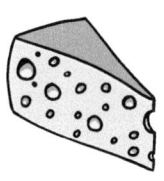

queso

sir

helado

sladoled

azúcar

šećer

miel

med

mermelada

marmelada

pasta de chocolate

nugat krema

curry

kuri

comida - jelo

granja
seosko imanje

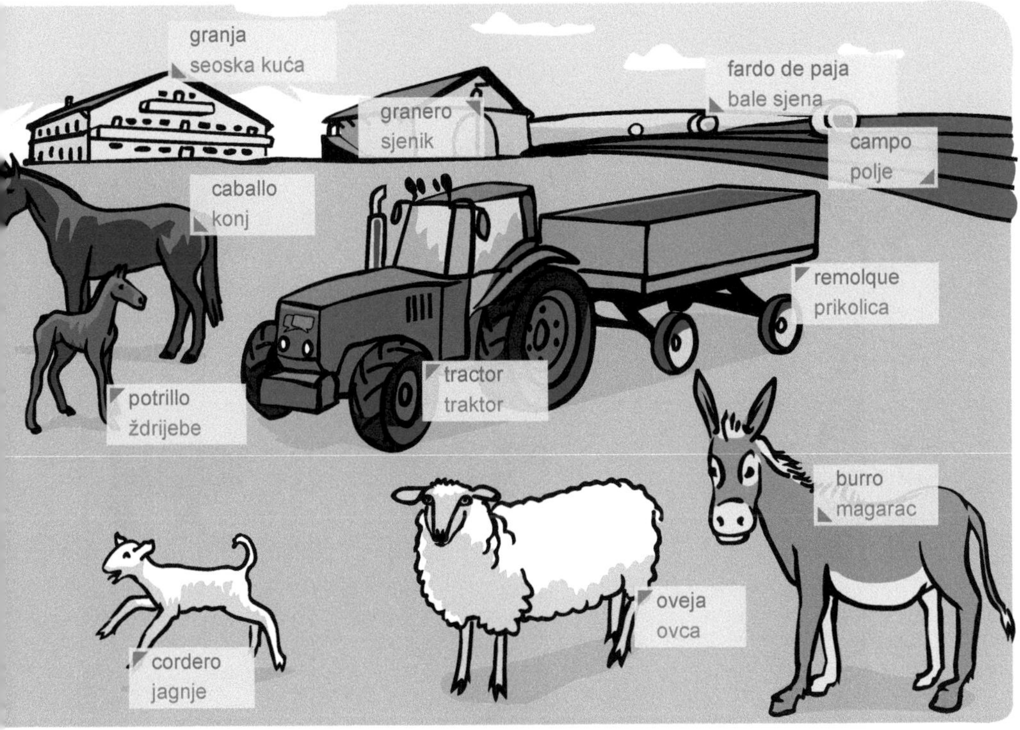
granja
seoska kuća
granero
sjenik
fardo de paja
bale sjena
campo
polje
caballo
konj
remolque
prikolica
tractor
traktor
potrillo
ždrijebe
burro
magarac
oveja
ovca
cordero
jagnje

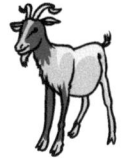

cabra

koza

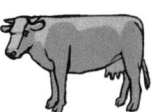

vaca

krava

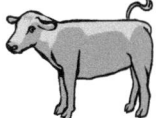

ternero

tele

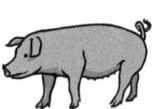

cerdo

svinja

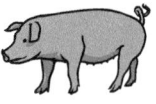

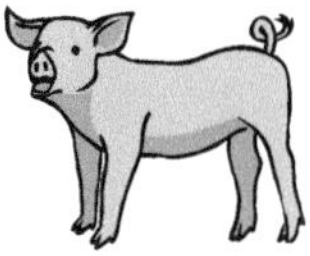

lechón

prase

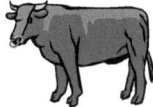

toro

bik

ganso
guska

pato
patka

pollo
pile

gallina
kokoška

gallo
pjetao

rata
pacov

gato
mačka

ratón
miš

buey
vol

perro
pas

cucha
pseća kućica

manguera
crijevo za baštu

regadera
kanta za zalijevanje

guadaña
kosa

arado
plug

hoz

srp

azada

motika

horquilla

vile

hacha

sjekira

carretilla

tačke

abrevadero

korito

lechera

bokal za mlijeko

bolsa

vreća

reja

ograda

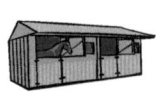

establo

štala

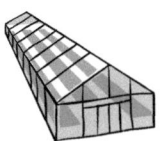

invernadero

staklenik

suelo

tlo

semilla

sjeme

fertilizador

đubrivo

cosechadora

kombajn

granja - seosko imanje

cosechar
kositi

cosecha
žetva

batatas
jam korijen

trigo
pšenica

soja
soja

papa
krompir

maíz
kukuruz

semilla de colza
uljana repica

árbol frutal
drvo voća

mandioca
manioka

cereales
žito

casa
kuća

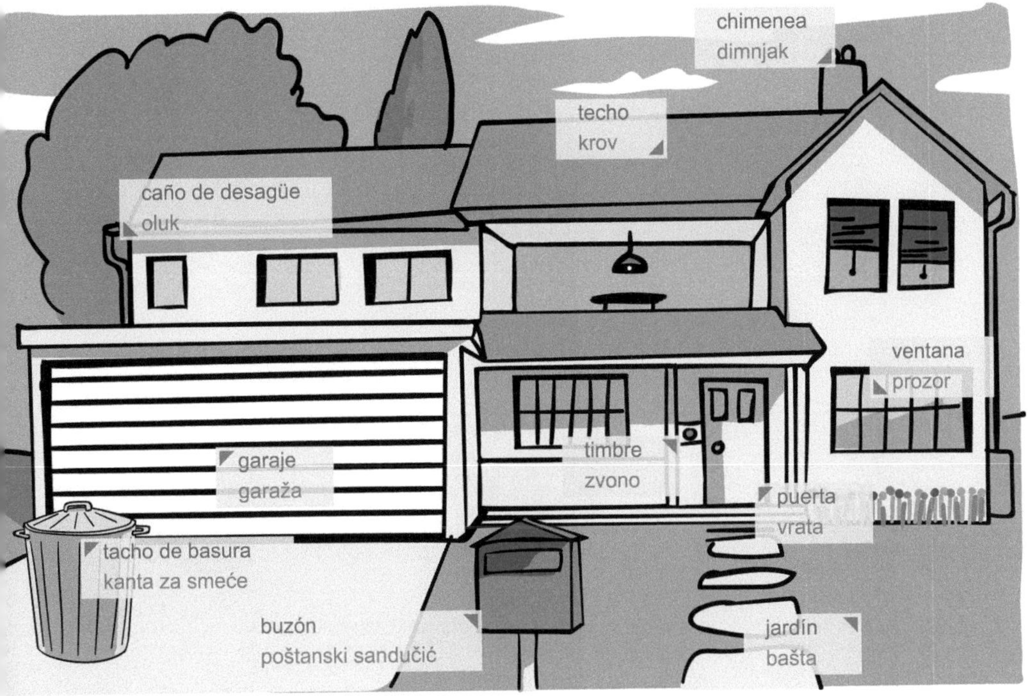

chimenea
dimnjak
techo
krov
caño de desagüe
oluk
ventana
prozor
timbre
zvono
garaje
garaža
puerta
vrata
tacho de basura
kanta za smeće
buzón
poštanski sandučić
jardín
bašta

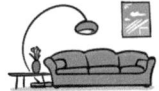

living

dnevni boravak

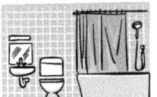

baño

kupatilo

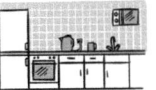

cocina

kuhinja

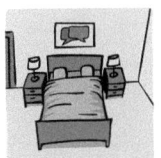

dormitorio

spavaća soba

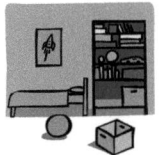

cuarto de los chicos

dječija soba

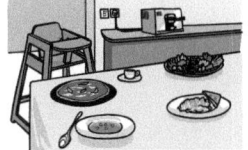

comedor

trpezarija

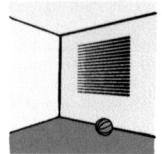

piso

pod, tlo

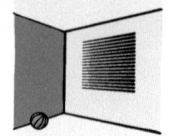

pared

zid

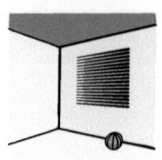

cielorraso

plafon

sótano

podrum

sauna

sauna

balcón

balkon

terraza

terasa

pileta

bazen

cortadora de pasto

kosilica

sábana

posteljina

acolchado

pokrivač

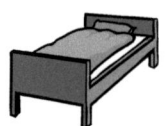

cama

krevet

escoba

metla

balde

kanta

interruptor

prekidač

living
dnevni boravak

empapelado
tapeta
imagen
fotografija
lámpara
lampa
estante
polica
armario
ormar
televisión
televizija
chimenea
dimnjak
flor
cvijet
almohadón
jastuk
sofá
kauč
florero
vaza
control remoto
daljinski upravljač

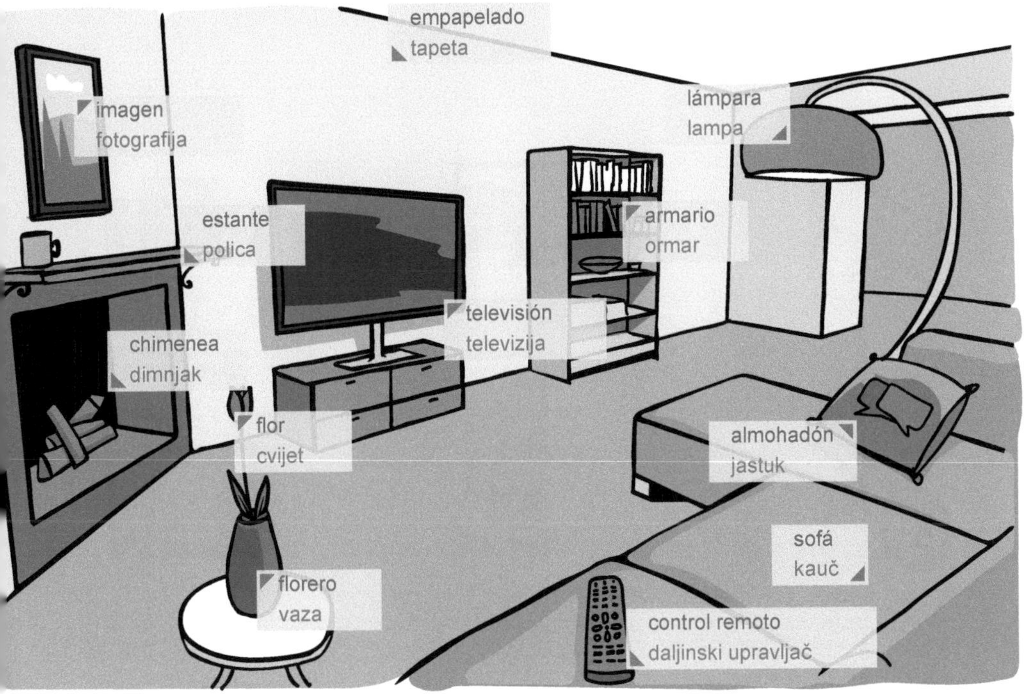

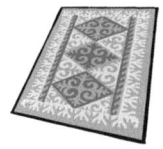

alfombra

tepih

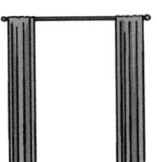

cortina

zavjesa

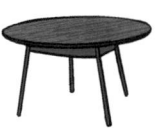

mesa

stol

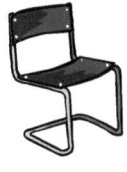

silla

stolica

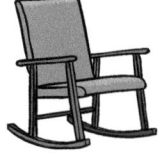

mecedora

stolica za ljuljanje

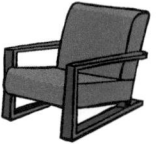

sillón

fotelja

libro
knjiga

frazada
deka

decoración
dekoracija

leña
ložno drvo

película
film

equipo de música
stereo uređaj

llave
ključ

diario
novine

pintura
umjetnička slika

póster
poster

radio
radio

cuaderno
blok za bilješke

aspiradora
usisavač

cactus
kaktus

vela
svijeća

cocina
kuhinja

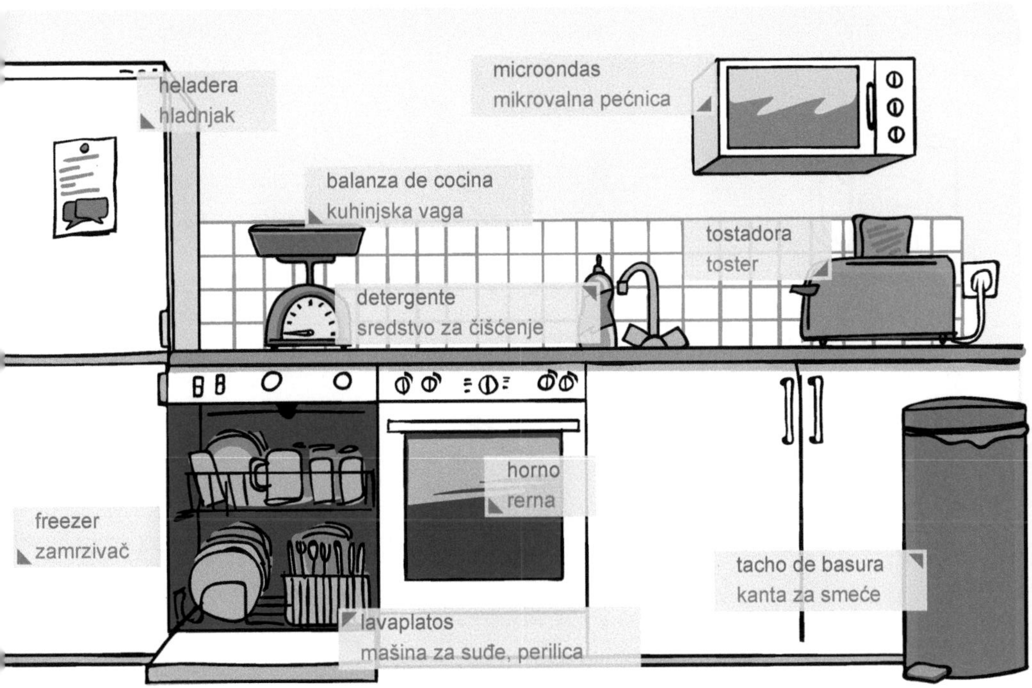
heladera
hladnjak
microondas
mikrovalna pećnica
balanza de cocina
kuhinjska vaga
tostadora
toster
detergente
sredstvo za čišćenje
horno
rerna
freezer
zamrzivač
tacho de basura
kanta za smeće
lavaplatos
mašina za suđe, perilica

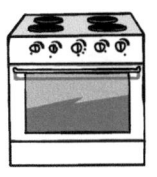

cocina

peć

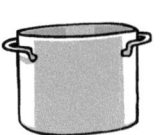

olla

lonac

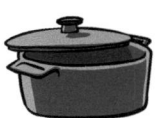

olla de hierro fundido

metalni lonac

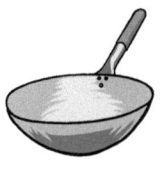

wok

vok / kadai

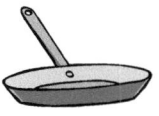

sartén

tava, tiganj

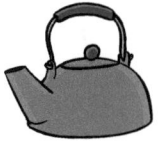

pava

kuhalo

vaporera

aparat za kuhanje na pari

bandeja de horno

lim za pečenje

vajilla

posuđe

taza

šalica

bol

činija

palitos

kineski štapići

cucharón

kutlača

estpátula

lopatica

batidora

metlica za snijeg bjelanjca

colador

sito za kuhanje

colador

sito

rallador

ribež

mortero

avan s tučkom

parrilla

roštilj

fogata

ložište

cocina - kuhinja

tabla de picar

daska

palo de amasar

oklagija

sacacorchos

vadičep

lata

konzerva

abrelatas

otvarač za konzerve

manopla

krpe za lonac

pileta

sudoper

cepillo

četka

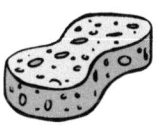

esponja

spužva

batidora

mikser

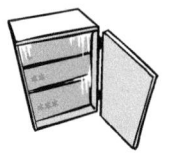

congelador

zamrzivač

mamadera

flašica za bebu

canilla

slavina

baño
kupatilo

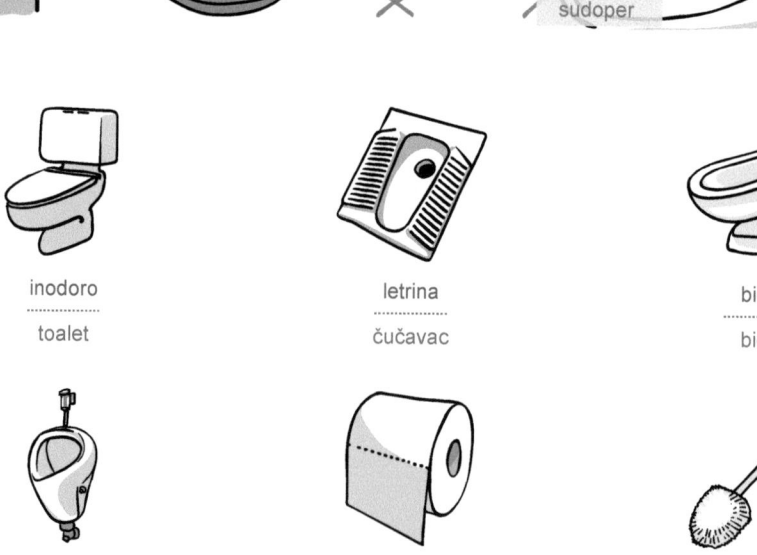

calefacción
grijanje
ducha
tuš
toalla
peškir
cortina de ducha
zavjesa za tuš
baño de espuma
pjenušava kupka
bañadera
kada
vaso
čaša
lavarropas
mašina za veš
canilla
slavina
baldosas
pločice
pelela
dječja kahlica
pileta
sudoper

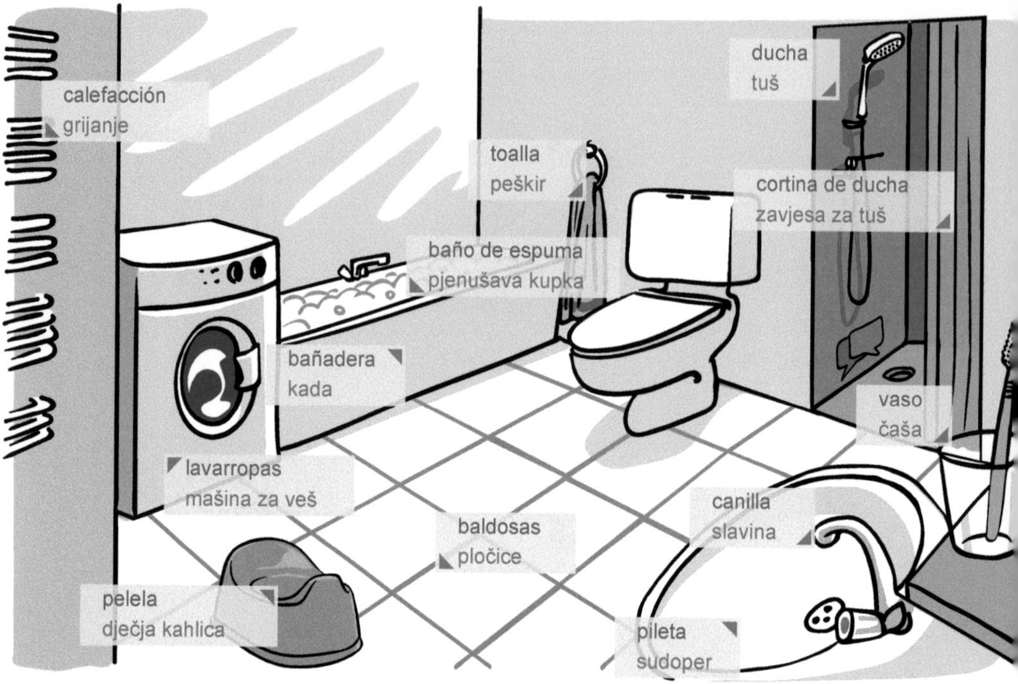

inodoro

toalet

letrina

čučavac

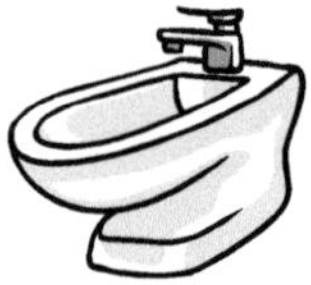

bidé

bide

mingitorio

pisoar

papel higiénico

toalet papir

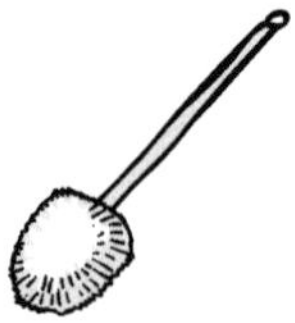

cepillo para el inodoro

četka za wc

cepillo de dientes

četkica za zube

dentífrico

pasta za zube

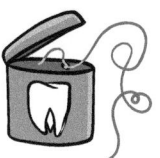

hilo dental

zubni konac

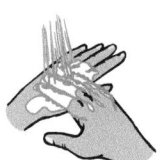
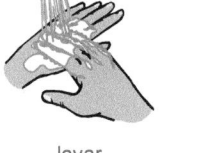

lavar

prati

ducha de mano

tuš

ducha higiénica

intimni tuš

palangana

lavor

cepillo para espalda

četka za leđa

jabón

sapun

gel de ducha

gel za tuširanje

shampoo

šampon

toallita

krpe za pranje

desagüe

odvod

crema

krema

desodorante

dezodorans

baño - kupatilo

espejo

ogledalo

espejito

ogledalo za šminkanje

maquinita de afeitar

brijač

espuma de afeitar

pjena za brijanje

aftershave

vodica poslije brijanja

peine

češalj

cepillo

četka

secador de pelo

fen

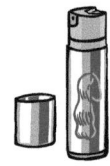

spray

sprej za kosu

maquillaje

puder

lápiz de labios

karmin

esmalte para uñas

lak za nokte

algodón

vata

tijera para uñas

makazice za nokte

perfume

parfem

portacosméticos

kozmetička torbica

banqueta

hoklica

balanza

vaga

bata

kupaći ogrtač

guantes de goma

rukavice za čišćenje

tampón

tampon

toallita femenina

uložak za dame

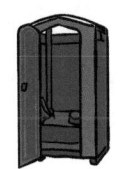

baño químico

hemijski toalet

cuarto de los chicos
dječija soba

despertador
budilnik
peluche
plišana igračka
coche de juguete
auto za igru
sonajero
zvečka
casa de muñecas
kućica za lutke
regalo
poklon

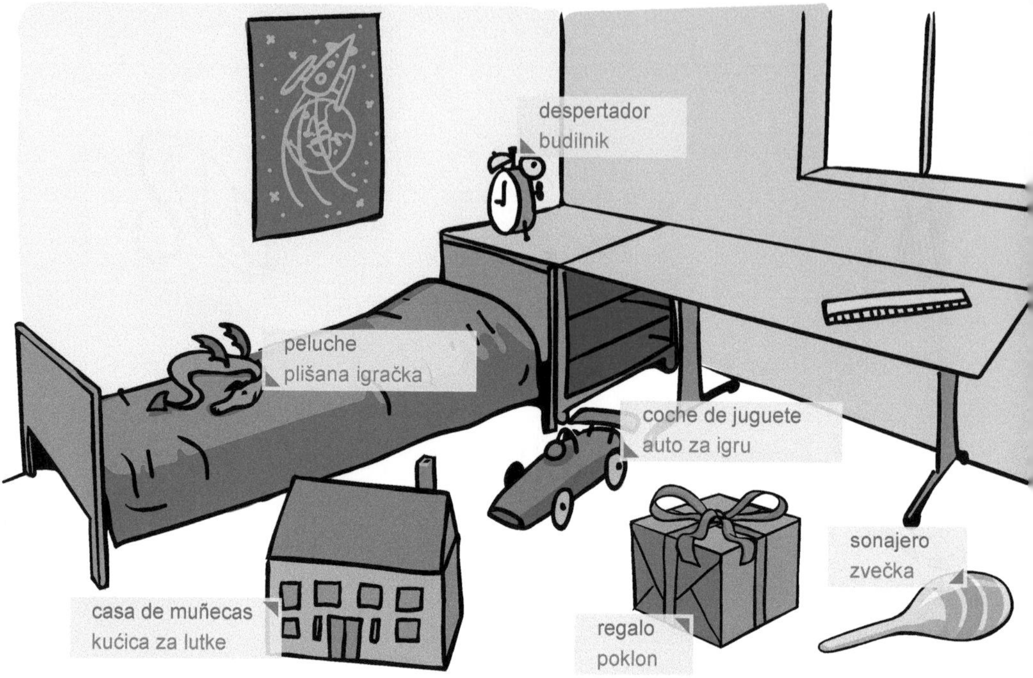

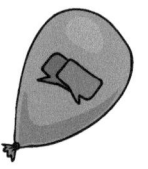

globo
balon

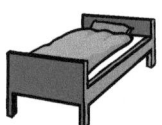

cama
krevet

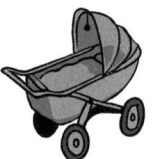

cochecito
kolica za djecu

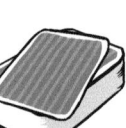

cartas
karte za igranje

rompecabezas
puzle

SUPER
MEGA

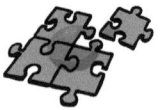

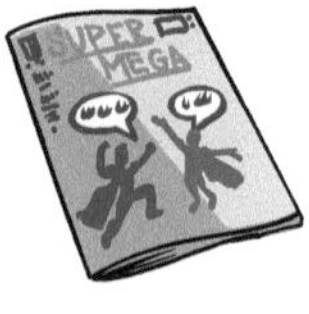

historieta
strip

piezas de lego

lego kockice

ladrillos de juguete

kockice za gradnju

figura de acción

akcione figure

enterito (de bebé)

benkica

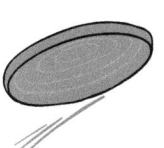

frisbee

frizbi

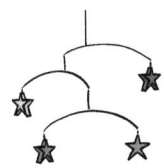

móvil para bebés

mobile

juego de mesa

igra na ploči

dados

kocka

tren eléctrico

miniatura željeznice

chupete

cucla

fiesta

zabava

libro de cuentos ilustrado

slikovnica

pelota

lopta

muñeca

lutka

jugar

igrati

arenero

pješćanik

hamaca

ljuljačka

juguetes

igračke

consola de videojuegos

konzola za igru

triciclo

triciklo

osito de peluche

medvjedić

armario

ormar

ropa

odjeća

medias

kratke čarape

medias panty

čarape

calzas

hulahopke

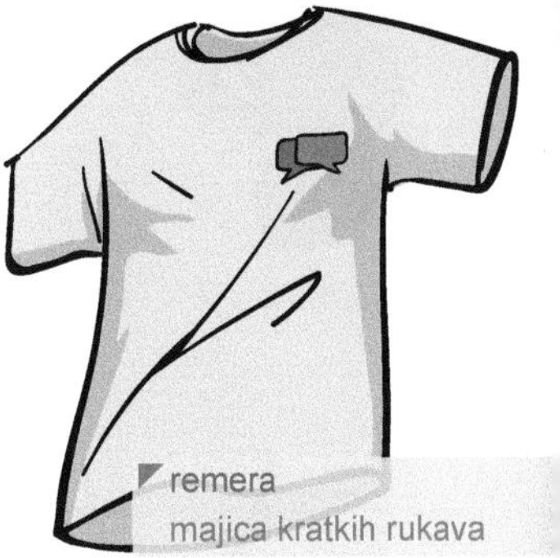

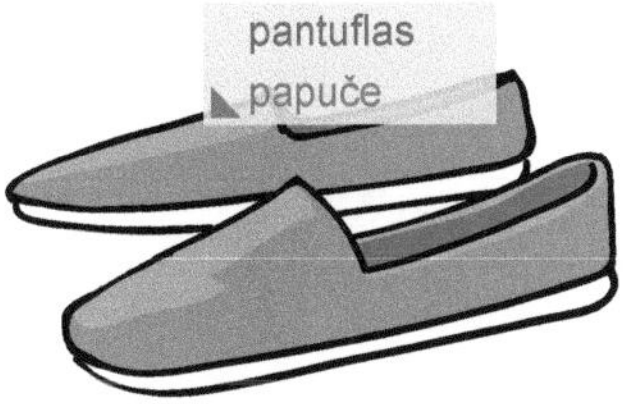

bufanda
šal

cinturón
kaiš

paraguas
kišobran

remera
majica kratkih rukava

botas
čizme

pantuflas
papuče

zapatillas
patike

sandalias
....
sandale

zapatos
....
cipele

botas de goma
gumene čizme

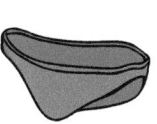

ropa interior
....
gaće

corpiño
....
grudnjak

chaleco
....
potkošulja

ropa - odjeća

body
....
bodi

pantalones
....
hlače

jeans
....
farmerke

pollera
....
suknja

blusa
....
bluza

camisa
....
košulja

pulóver
....
džemper

buzo
....
majica

blazer
....
sako

campera
....
jakna

tapado
....
mantil

piloto
....
kišni mantil

traje
....
kostim

vestido
....
haljina

vestido de novia
....
vjenčanica

traje
odijelo

camisón
spavaćica

pijama
pidžama

sari
sari

pañuelo para cabeza
marama

turbante
turban

burka
burka

caftán
kaftan

abaya
abaja

traje de baño
kupaći kostim

short de baño
kupaće gaće

shorts
kratke hlače

jogging
trenerka

delantal
pregača

guantes
rukavice

botón

dugme

anteojos

naočare

pulsera

narukvica

collar

ogrlica

anillo

prsten

aro

naušnica

gorra

kapa

percha

vješalica

sombrero

šešir

corbata

kravata

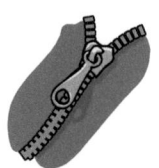

cierre

patentni zatvarač

casco

kaciga

tiradores

tregeri za hlače

uniforme escolar

školska uniforma

uniforme

uniforma

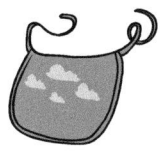

babero

podbradak

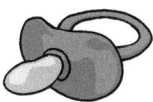

chupete

cucla

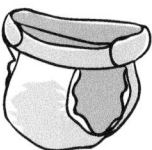

pañal

pelene

oficina

ured

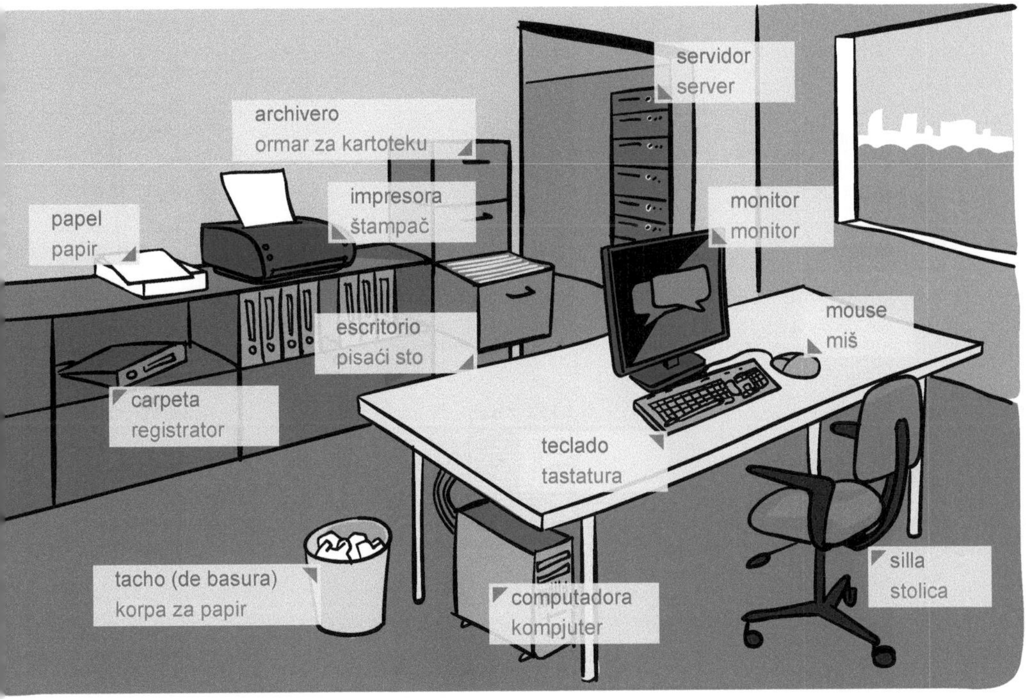
servidor
server
archivero
ormar za kartoteku
impresora
štampač
papel
papir
monitor
monitor
mouse
miš
escritorio
pisaći sto
carpeta
registrator
teclado
tastatura
tacho (de basura)
korpa za papir
computadora
kompjuter
silla
stolica

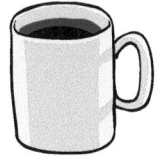

taza de café

šolja za kafu

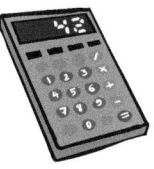

calculadora

kalkulator

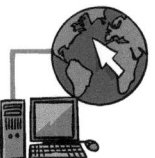

internet

internet

laptop

laptop

carta

pismo

mensaje

poruka

celular

mobilni telefon

red

mreža

fotocopiadora

aparat za kopiranje

software

softver

teléfono

telefon

tomacorriente

utičnica

fax

faks

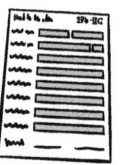

formulario

formular

documento

dokument

comprar

kupovati

pagar

platiti

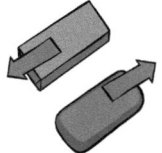

hacer negocios

trgovati

dinero

novac

dólar

dolar

euro

euro

yen

jen

rublo

rublja

franco suizo

franak

yuan

renminbi jen

rupia

rupi

cajero automático

bankomat

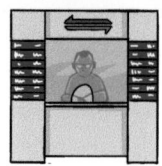

casa de cambio

mjenjačnica

oro

zlato

plata

srebro

petróleo

nafta

energía

energija

precio

cijena

contrato

ugovor

impuesto

porez

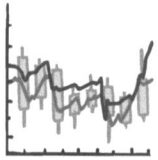

acción

akcija

trabajar

raditi

empleado

službenik

empleador

poslodavac

fábrica

fabrika

negocio

radnja

policía
policajac

bombero
vatrogasac

cocinero
kuhar

médico
ljekar

piloto
pilot

jardinero

baštovan

carpintero

stolar

modista

krojačica

juez

sudija

farmacéutico

hemičar

actor

glumac

colectivero

vozač autobusa

taxista

vozač taksija

pescador

ribar

mucama

čistačica

techista

krovopokrivač

mozo

konobar

cazador

lovac

pintor

moler

panadero

pekar

electricista

električar

albañil

građevinski radnik

ingeniero

inženjer

carnicero

koljač

plomero

limar, vodoinstalater

cartero

poštar

ocupaciones - zanimanja

soldado

vojnik

arquitecto

arhitekta

cajero

blagajnik

florista

cvjećar

peluquero

frizer

cobrador

kontrolor

mecánico

mehaničar

capitán

kapiten

dentista

zubar

científico

naučnik

rabino

rabin

imán

imam

monje

monah

sacerdote

sveštenik

herramientas
alat

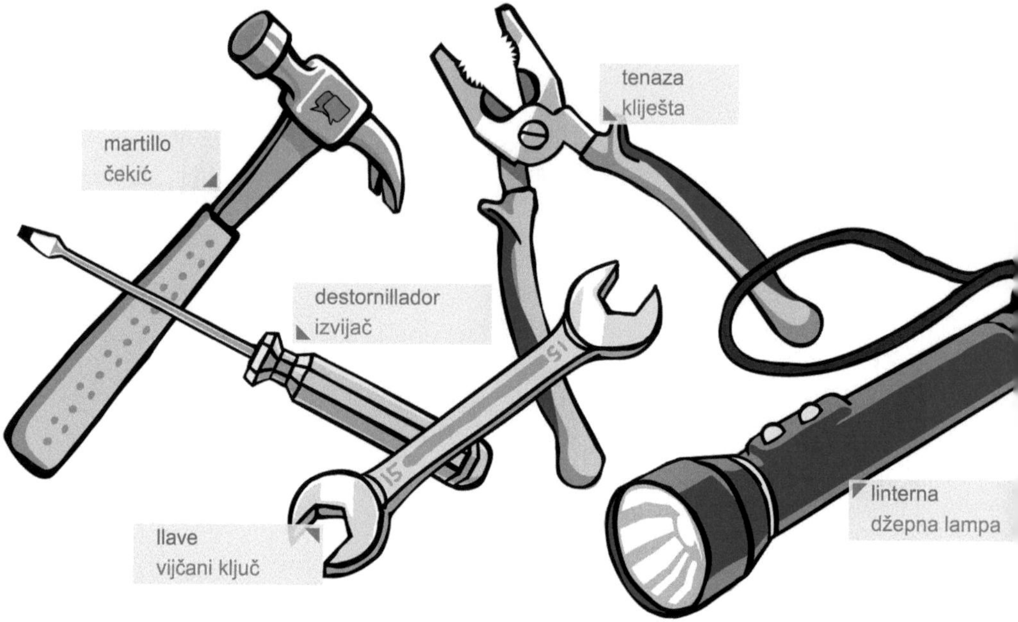
tenaza
kliješta
martillo
čekić
destornillador
izvijač
linterna
džepna lampa
llave
vijčani ključ

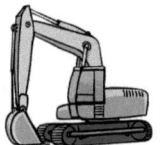

excavadora
bager

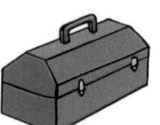

caja de herramientas
kutija sa alatom

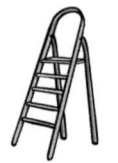

escalera portátil
ljestve

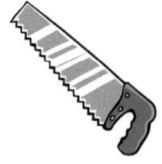

sierra
testera, pila

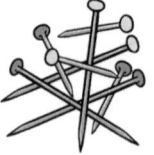

clavos
ekser

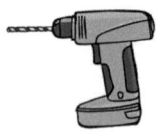

taladro
bušilica

arreglar

popraviti

pala de jardín

lopata

¡Qué bronca!

sranje!

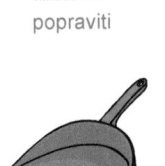

pala de plástico

lopatica

tacho de pintura

kanta boje

tornillos

vijak

instrumentos musicales
muzički instrumenti

batería
bubnjevi

parlante
zvučnik

guitarra
gitara

contrabajo
kontrabas

trompeta
truba

piano

klavir

violín

violina

bajo

bas

timbales

bubanj timpani

tambor

bubanj

teclado

sintisajzer

saxofón

saksofon

flauta

flauta

micrófono

mikrofon

zoológico
zološki vrt

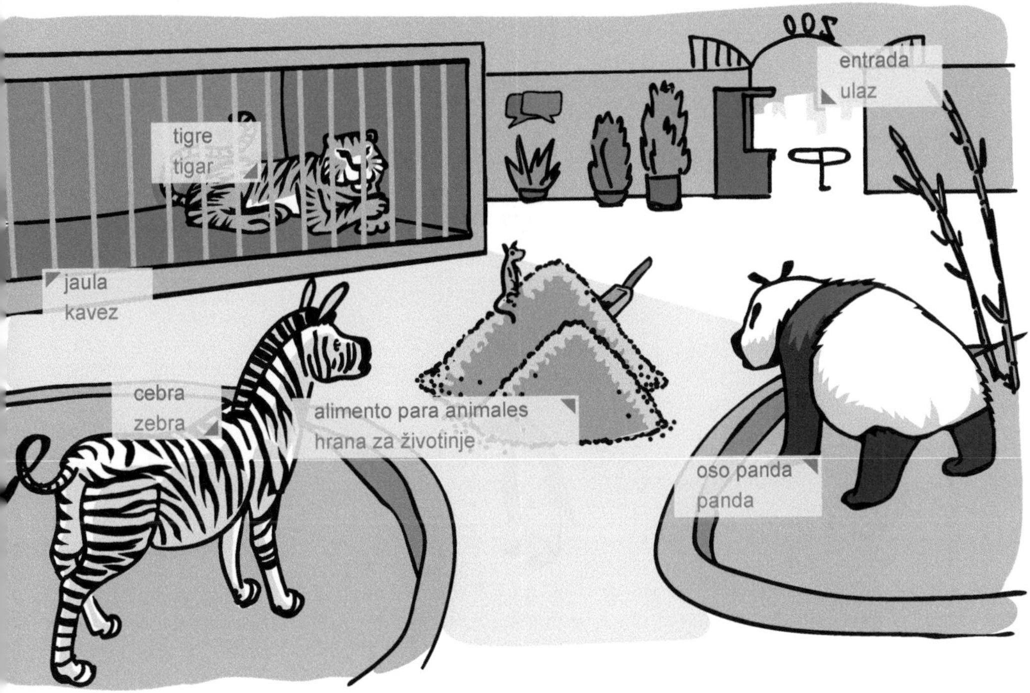

entrada
ulaz
tigre
tigar
jaula
kavez
cebra
zebra
alimento para animales
hrana za životinje
oso panda
panda

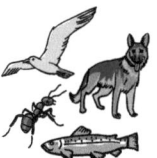

animales
životinje

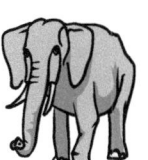

elefante
slon

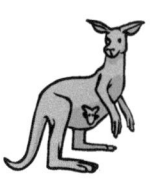

canguro
kengur

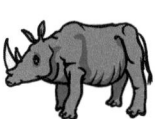

rinoceronte
nosorog

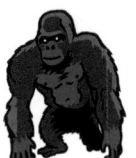

gorila
gorila

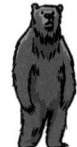

oso
medvjed

camello

kamila

avestruz

noj

león

lav

mono

majmun

flamenco

flamingo

loro

papagaj

oso polar

polarni medvjed

pingüino

pingvin

tiburón

morski pas

pavo real

paun

serpiente

zmija

cocodrilo

krokodil

cuidador del zoológico

čuvar u zoološkom vrtu

foca

tuljan

jaguar

jaguar

poni
poni

leopardo
leopard

hipopótamo
nilski konj

jirafa
žirafa

águila
orao

jabalí
divlja svinja

pescado
riba

tortuga
kornjača

morsa
morž

zorro
lisica

gacela
gazela

fútbol americano
americki fudbal

ciclismo
vožnja bicikla

tenis
tenis

básquet
košarka

natación
plivanje

boxeo
boks

hockey sobre hielo
hokej na ledu

fútbol

fudbal

bádminton

bedminton

atletismo

laka atletika

handball

rukomet

esquí

skijanje

polo

polo

actividades
aktivnosti

saltar
skakati
reír
smijati se
abrazar
zagrliti
caminar
ići
cantar
pjevati
soñar
sanjati
rezar
moliti
besar
ljubiti

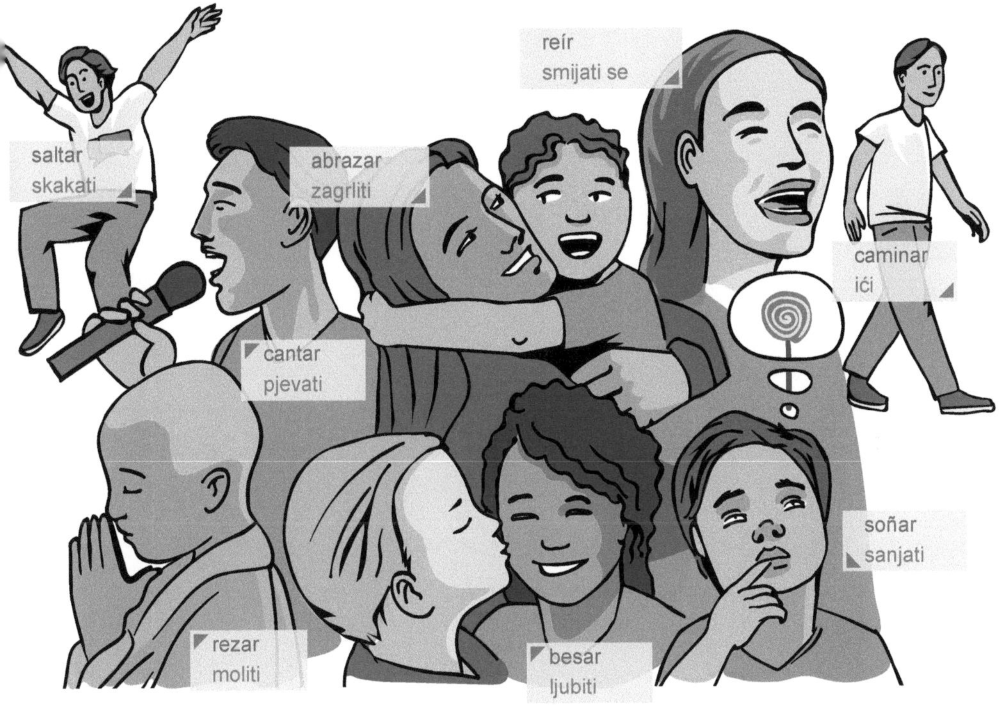

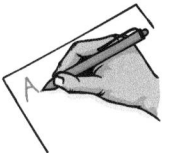

escribir

pisati

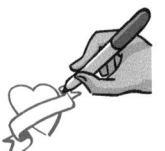

dibujar

crtati

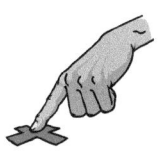

mostrar

pokazati

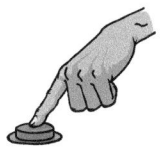

presionar

gurati

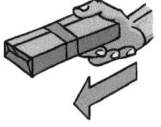

dar

dati

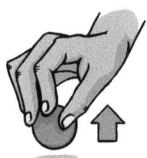

tomar

uzeti

tener
imati

hacer
raditi

ser
biti

estar parado
stajati

correr
trčati

tirar
vući

tirar
baciti

caer
pasti

estar acostado
ležati

esperar
čekati

llevar
nositi

estar sentado
sjediti

vestirse
obući

dormir
spavati

despertar
probuditi

mirar

pogledati

llorar

plakati

acariciar

milovati

peinar

češljati

hablar

govoriti

entender

razumjeti

preguntar

pitati

escuchar

slušati

beber

piti

comer

jesti

ordenar

pospremiti

amar

voljeti

cocinar

kuhati

manejar

voziti

volar

letjeti

navegar

jedriti

calcular

računati

leer

čitati

aprender

učiti

trabajar

raditi

casarse

vjenčavti

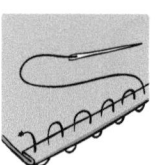

coser

šiti

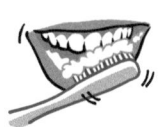

cepillarse los dientes

prati zube

matar

ubiti

fumar

pušiti

enviar

slati

abuela
baka

abuelo
djed

padre
otac

madre
majka

bebé
beba

hija
kćerka

hijo
sin

invitado
gost

tía
ujna, tetka, strina

tío
ujak, tetak, stric

hermano
brat

hermana
sestra

cuerpo
tijelo

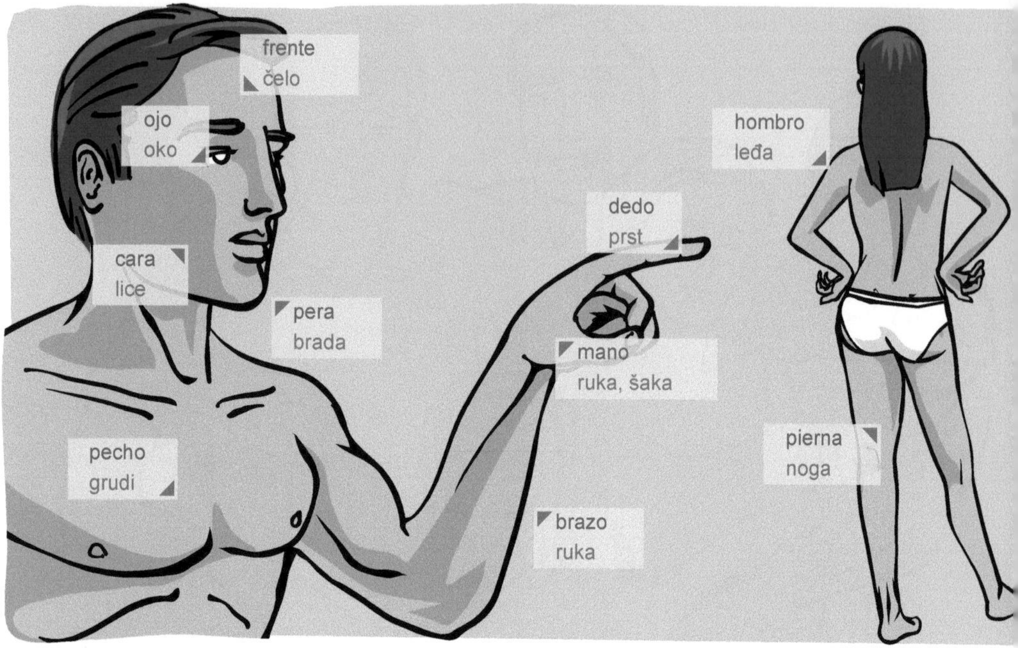

frente
čelo

ojo
oko

hombro
leđa

dedo
prst

cara
lice

pera
brada

mano
ruka, šaka

pecho
grudi

pierna
noga

brazo
ruka

bebé

beba

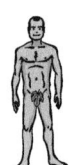

hombre

muškarac

mujer

žena

nena

djevojčica

nene

dječak

cabeza

glava

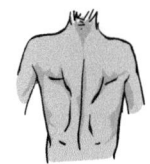

espalda
leđa

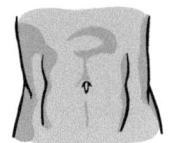

panza
stomak

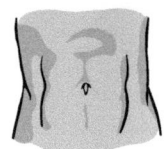

ombligo
pupak

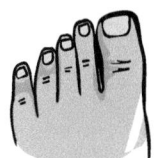

dedo del pie
nožni prst

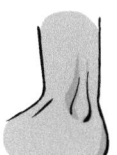

talón
peta

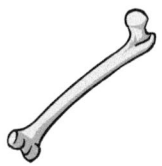

hueso
kosti

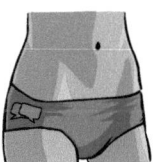

cadera
kuk

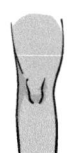

rodilla
koljeno

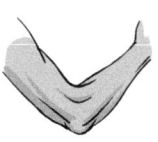

codo
lakat

nariz
nos

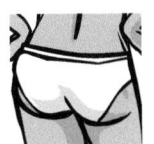

cola
stražnjica

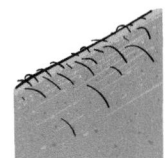

piel
koža

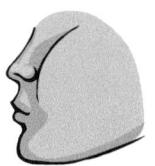

cachete
obraz

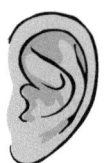

oreja
uho

labio
usna

cuerpo - tijelo

boca
usta

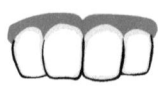

diente
zub

lengua
jezik

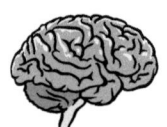

cerebro
mozak

corazón
srce

músculo
mišić

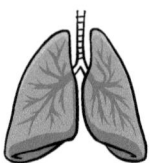

pulmón
pluća

hígado
jetra

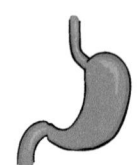

estómago
želudac

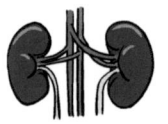

riñones
bubreg

sexo
spolni odnos

preservativo
kondom

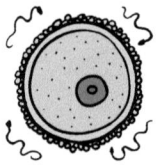

óvulo
jajna ćelija

semen
sperma

embarazo
trudnoća

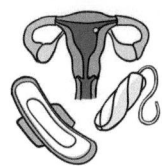

menstruación

menstruacija

vagina

vagina

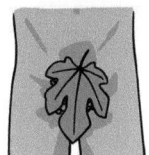

pene

penis

ceja

obrva

pelo

kosa

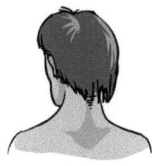

cuello

vrat

hospital
bolnica

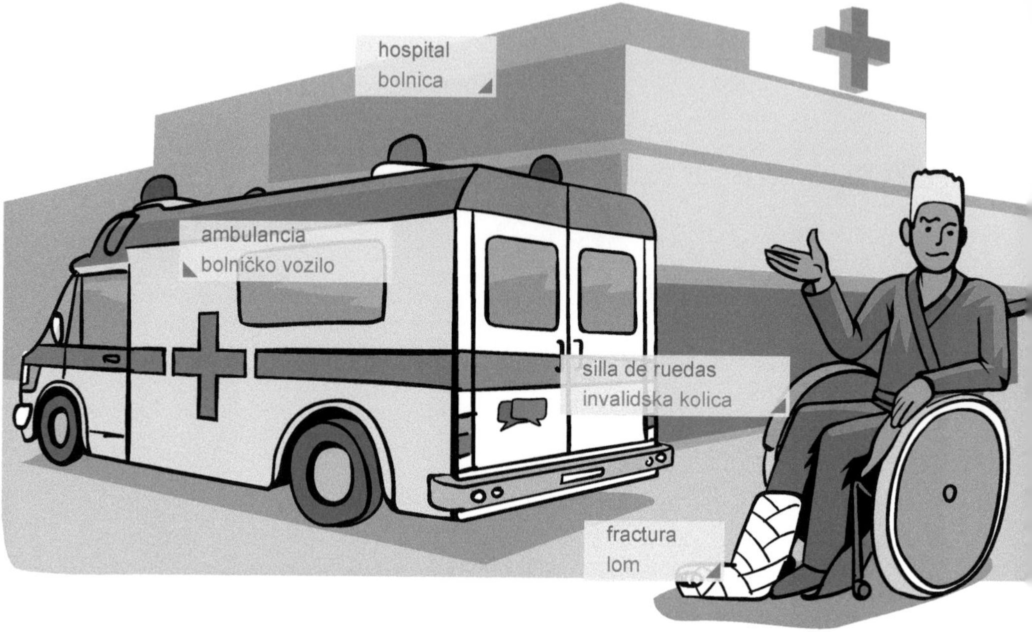

hospital
bolnica
ambulancia
bolničko vozilo
silla de ruedas
invalidska kolica
fractura
lom

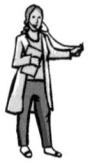

médico

ljekar

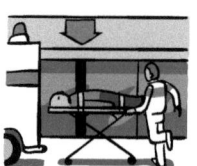

sala de guardia

hitna služba

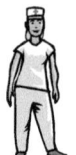

enfermera

medicinska sestra

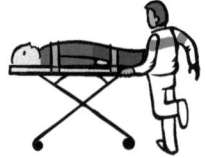

emergencia

hitna pomoć

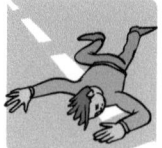

inconsciente

nesvjest

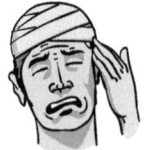

dolor

bol

lesión
povreda

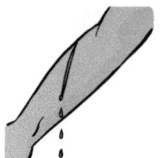

hemorragia
krvarenje

infarto
srčani udar, infarkt

ACV
moždani udar

alergia
alergija

tos
kašalj

fiebre
groznica

gripe
gripa

diarrea
proljev

dolor de cabeza
glavobolja

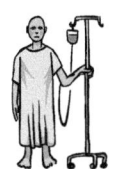

cáncer
rak

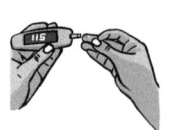

diabetes
dijabetes

cirujano
hirurg

bisturí
skalpel

operación
operacija

TC
CT

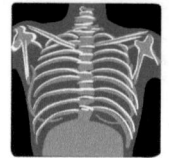

rayos x
rendgen

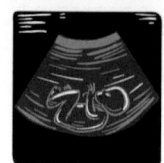

ecografía
ultrazvuk

barbijo
maska

enfermedad
bolest

sala de espera
čekaonica

muleta
štake

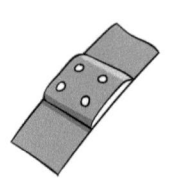

curita
flaster

venda
zavoj

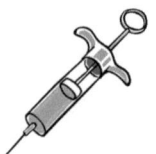

inyección
injekcija

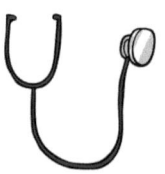

estetoscopio
stetoskop

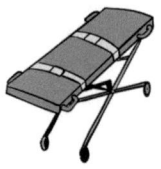

camilla
nosilo

termómetro
termometar

nacimiento
porod

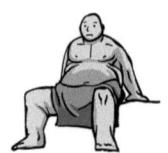

sobrepeso
prekomjerna težina, debljina

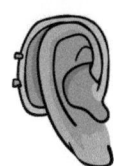

audífono

slušni aparat

desinfectante

sredstvo za dezinfekciju

infección

infekcija

virus

virus

VIH / SIDA

HIV/ AIDS

remedio

medicina

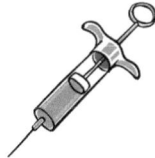

vacunación

vakcinacija

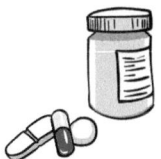

comprimidos

tablete

pastilla anticonceptiva

pilula

llamada de emergencia

hitni poziv

tensiómetro

aparat za mjerenje pritiska

enfermo / sano

bolestan / zdrav

¡Ayuda!

Upomoć!

alarma

alarm

agresión

napad, prepad

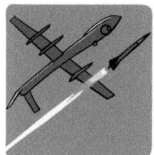

ataque

napad

peligro

opasnost

salida de emergencia

izlaz u slučaju opasnosti

¡Fuego!

Požar!

matafuego

vatrogasni aparat

accidente

nezgoda

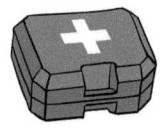

botiquín de primeros
auxilios

torba prve pomoći

SOS

SOS

policía

policija

Europa

Europa

América del Norte

Sjeverna Amerika

América del Sur

Južna Amerika

África

Afrika

Asia

Azija

Australia

Australija

Atlántico

Atlantik

Pacífico

Pacifik

Océano Índico

Indijski okean

Océano Antártico

Antarktički okean

Océano Ártico

Arktički okean

polo norte

Sjeverni pol

polo sur

Južni pol

Antártida

Antarktik

Tierra

Zemlja

tierra

zemlja

mar

more

isla

ostrvo

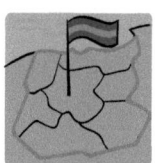

nación

nacija

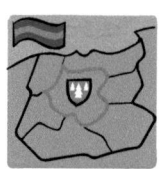

estado

država

esfera

brojčanik sata

manecilla de las horas

kazaljka sata

minutero

kazaljka minute

segundero

kazaljka sekunde

¿Qué hora es?

Koliko je sati?

día

dan

hora

vrijeme

ahora

sada

reloj digital

digitalni sat

minuto

minuta

hora

sat

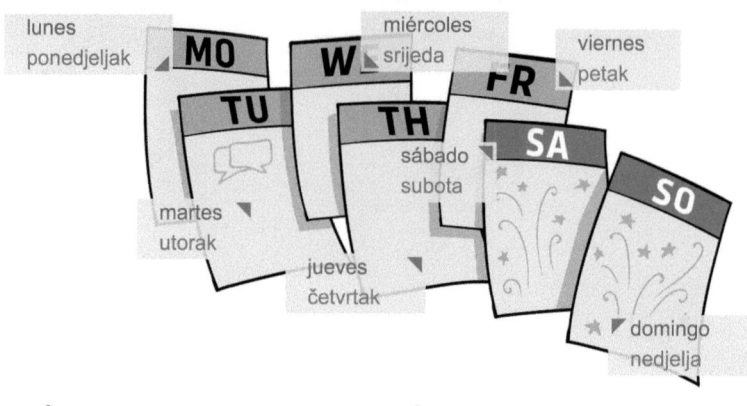

lunes / ponedjeljak
miércoles / srijeda
viernes / petak
martes / utorak
jueves / četvrtak
sábado / subota
domingo / nedjelja

ayer
juče

hoy
danas

mañana
sutra

mañana
jutro

mediodía
podne

tarde
veče

MO	TU	WE	TH	FR	SA	SU
1	2	3	4	5	6	7
8	9	10	11	12	13	14
15	16	17	18	19	20	21
22	23	24	25	26	27	28
29	30	31	1	2	3	4

días hábiles
radni dani

MO	TU	WE	TH	FR	SA	SU
1	2	3	4	5	6	7
8	9	10	11	12	13	14
15	16	17	18	19	20	21
22	23	24	25	26	27	28
29	30	31	1	2	3	4

fin de semana
vikend

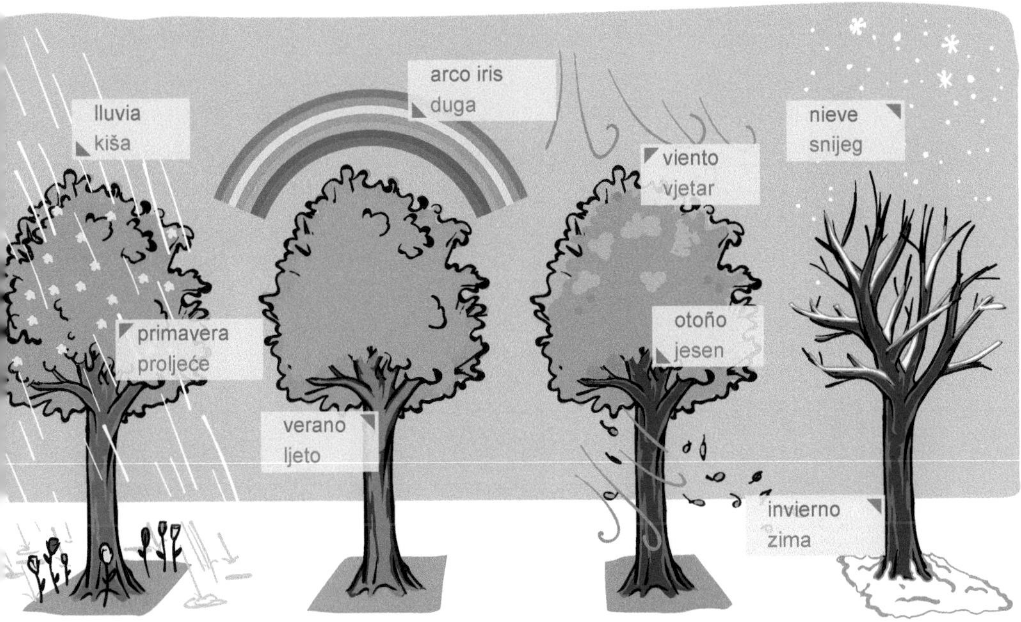

lluvia
kiša
arco iris
duga
nieve
snijeg
viento
vjetar
primavera
proljeće
otoño
jesen
verano
ljeto
invierno
zima

4.APRIL 11°
5.APRIL 4°
6.APRIL 13°
7.APRIL 8°
8.APRIL 10°

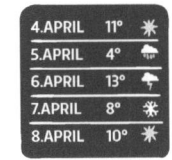

pronóstico meteorológico

prognoza vremena

F
C

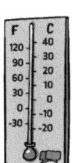

termómetro

termometar

luz del sol

sunčev sjaj

nube

oblak

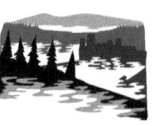

niebla

magla

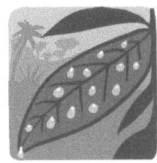

humedad

vlažnost vazduha

rayo
....
munja

trueno
....
grom

tormenta
....
oluja

granizo
....
tuča, led

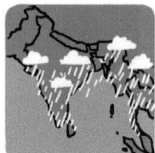

monzón
....
monsun

inundación
....
poplava

hielo
....
led

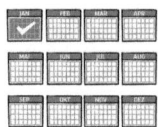

enero
....
januar

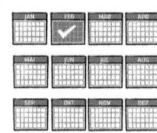

febrero
....
februar

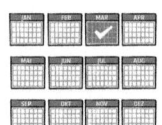

marzo
....
mart

abril
....
april

mayo
....
maj

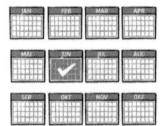

junio
....
juni

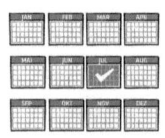

julio
....
juli

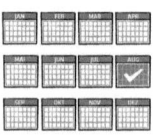

agosto
....
avgust

año - godina

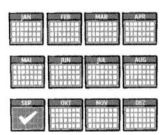

septiembre

septembar

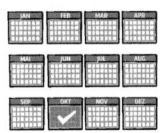

octubre

oktobar

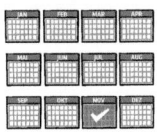

noviembre

novembar

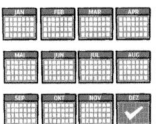

diciembre

decembar

círculo

krug

cuadrado

kvadrat

rectángulo

pravougao

triángulo

trougao

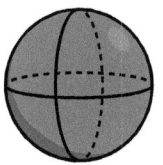

esfera

kugla

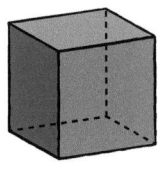

cubo

kocka

blanco
....
bjel

amarillo
....
žut

naranja
....
narandžast

rosa
....
pink

rojo
....
crven

violeta
....
ljubičast

azul
....
plav

verde
....
zelen

marrón
....
smeđ

gris
....
siv

negro
....
crn

mucho / poco

malo / mnogo

enojado / tranquilo

ljutit / miran

lindo / feo

lijep / ružan

principio / fin

početak / kraj

grande / chico

veliki / mali

claro / oscuro

svijetlo / tamno

hermano / hermana

brat / sestra

limpio / sucio

čist / prljav

completo / incompleto

potpun / nepotpun

día / noche

dan / noć

muerto / vivo

mrtav / živ

ancho / angosto

široko / usko

comestible / no comestible

ukusno / neukusno

malo / amable

zao / prijatan

entusiasmado / aburrido

uzbuđen / dosadan

gordo / flaco

debeo / mršav

primero / último

najprije / najkasnije

amigo / enemigo

prijatelj / neprijatelj

lleno / vacío

pun / prazan

duro / blando

trvd / mekan

pesado / liviano

težak / lagan

hambre / sed

glad / žeđ

enfermo / sano

bolestan / zdrav

ilegal / legal

ilegalan / legalan

inteligente / estúpido

inteligentan / glup

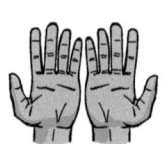

izquierda / derecha

lijevo / desno

cerca / lejos

blizu / daleko

nuevo / usado

nov / polovan

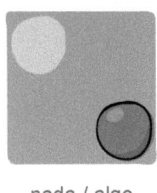

nada / algo

ništa / nešto

viejo / joven

star / mlad

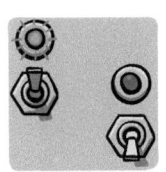

encendido / apagado

uključeno / isključeno

abierto / cerrado

otvoreno / zatvoreno

silencioso / ruidoso

tiho / glasno

rico / pobre

bogat / siromašan

correcto / incorrecto

tačno / pogrešno

áspero / suave

hrapav / glatak

triste / contento

tužan / srećan

corto / largo

kratak / dug

lento / rápido

spor / brz

mojado / seco

mokro / suho

caliente / frío

toplo / hladno

guerra / paz

rat / mir

opuestos - suprotnosti

0

cero

nula

1

uno

jedan

2

dos

dva

3

tres

tri

4

cuatro

četiri

5

cinco

pet

6

seis

šest

7

siete

sedam

8

ocho

osam

9

nueve

devet

10

diez

deset

11

once

jedanaest

12

doce

dvanaest

13

trece

trinaest

14

catorce

četrnaest

15

quince

petnaest

16

dieciséis

šesnaest

17

diecisiete

sedamnaest

18

dieciocho

osamnaest

19

diecinueve

devetnaest

20

veinte

dvadeset

100

cien

sto

1.000

mil

hiljada

1.000.000

millón

milion

inglés
....
engleski

inglés americano
....
američki engleski

chino mandarín
....
kinesko mandarinski

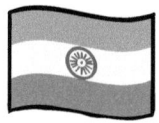

hindi
....
hindi

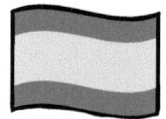

español
....
španski

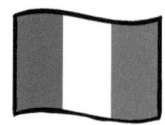

francés
....
francuski

árabe
....
arapski

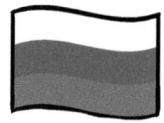

ruso
....
ruski

portugués
....
portugalski

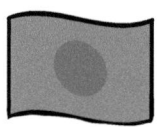

bengalí
....
bengalski

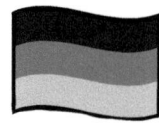

alemán
....
njemački

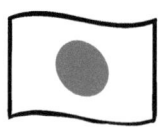

japonés
....
japanski

yo

ja

vos

ti

él / ella

on / ona / ono

nosotros

mi

ustedes

vi

ellos

oni

¿quién?

ko?

¿qué?

šta?

¿cómo?

kako?

¿dónde?

gdje?

¿cuándo?

kada?

nombre

ime

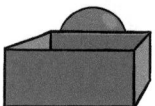

detrás

iza

en

u

adelante de

pred

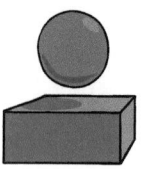

por encima de

iznad

sobre

na

debajo de

ispod

al lado de

pored

entre

između

lugar

mjesto